Educação Financeira 101

A base

Escritor: Marc Rene
Design da capa: Marc René
Ano de lançamento: 2023
Pressão:3

O que eu tenho para te dizer

Quem sou eu e por que este livro?

Não sou escritor, nem estudante de economia, nem especialista em finanças. Eu sou um pai e marido mediano, trabalhando em um emprego de TI das 9 às 5. Depois de aprender algumas preciosas lições de vida, decidi escrever este livro. Não quero que você passe pelas mesmas experiências, e se você já está no meio disso, quero que saiba que existe uma saída. Infelizmente, problemas financeiros não são uma raridade nos dias de hoje, seja por dívidas ou pela sensação de estar preso na corrida sem fim.

Eu costumava não estar tão preocupado em ser sábio com dinheiro. Eu não pensei muito sobre isso. Economizar dinheiro, pagar impostos ou criar um fundo de emergência não eram prioridades para mim. Gastei o dinheiro assim que entrou. Antes que eu percebesse, eu estava profundamente endividado. Isso afetou todos os aspectos da minha vida, levando a um estresse constante e a más decisões financeiras. No entanto, ao longo dos anos, aprendi muito sobre como administrar melhor minhas finanças.

Quero que você tenha sucesso em sua jornada financeira e acredito que as informações deste livro podem ajudá-lo a fazer exatamente isso. Vamos trabalhar juntos para alcançar a liberdade financeira.

Não quero dar a ilusão de que já estou completamente sem dívidas, mas eles não têm mais o mesmo poder sobre mim de antes. Ao aplicar o conhecimento deste livro, vejo a linha de chegada cada vez mais próxima e podemos aproveitar a vida em paz.

1 minha base

Toda vez que releio uma passagem, um balão de diálogo gigante aparece sobre minha cabeça com a legenda "Claro que você deveria fazer isso, por que não". Agora que aprendi tudo isso, entendo o termo "conhecimento comum". Mas, por alguma razão, o conhecimento deste livro não era muito familiar para mim; ninguém nunca havia me ensinado essas lições.

Claro, minha mãe me contou sobre os prós e contras de certas compras e como eu poderia analisá-las. Ela me dava uma mesada e me ajudava a economizar, mas eu não tinha ouvidos ou interesse no quadro geral. Tive uma infância despreocupada. Minha mãe fornecia tudo que eu precisava. Então, eu não estava realmente preocupado com questões financeiras, ela me ensinou muitas lições de vida valiosas que são igualmente importantes.

Na escola aprendi matemática e economia, mas nunca esse conhecimento básico sobre finanças. O conhecimento geral deste livro não era tão comum para mim enquanto crescia. Devido ao estresse que a espiral da dívida me causou, não me preocupei o suficiente para investir neste conhecimento. Eu estava muito estressado em descobrir maneiras de ganhar mais dinheiro para pagar dívidas. Mas, em retrospectiva, simplesmente não funciona dessa maneira.

1.1 Comece cedo

Quão cedo, você pergunta? Também não sei a resposta exata, mas faço isso todos os dias e a partir do momento consigo ter uma conversa normal com meus filhos. Tudo começou com os conceitos de poupança e assim por diante. Quanto mais cedo você aprender sobre gestão financeira, mais bem equipado estará para tomar boas decisões financeiras.

Uma das coisas mais valiosas que ouvi foi "Viva abaixo de seus meios e invista o resto". Isso poderia ter sido um bom conselho quando eu tinha 16 ou 17 anos. Mas quando ouvi, estava vivendo de salário em salário. Eu gastava mais do que ganhava e tinha mais dívidas do que ganhava em renda. Eu me mantive à tona. Eu estava apenas me enganando. A vida poderia ter sido muito diferente se alguém tivesse me ensinado o básico durante a minha infância.

Benefícios de começar cedo:

1. Tempo para aprender: Quanto mais cedo você começar a aprender sobre gestão financeira, mais tempo terá para desenvolver o conhecimento e as habilidades.
2. Hora de poupar e investir: Quanto antes você começar a poupar e investir, mais seu dinheiro vai crescer. Isso pode ajudá-lo a construir riqueza e facilitar o alcance de suas metas financeiras. Mais sobre isso no capítulo sobre investimentos.
3. Capacidade de assumir riscos: aprender sobre gestão financeira desde jovem pode lhe dar mais flexibilidade para assumir certos riscos financeiros, como abrir um negócio ou investir na bolsa de valores.
4. Possibilidade de errar: É normal errar ao aprender algo novo. Começar cedo com educação financeira lhe dá mais tempo para aprender com esses erros e se ajustar.

1.2   Crie uma relação positiva com o dinheiro

Nunca subestime o que um relacionamento positivo com o dinheiro pode fazer pelo seu sucesso financeiro. Eu cresci na era da MTV, onde gastar dinheiro era a norma. Tinha que rolar, de preferência voar. Como se tivesse queimado no seu bolso. Quanto maior o buraco na sua mão, mais impressionante você era. Mais tarde descobri que tudo era falso e mentira. Tudo era alugado ou emprestado, as casas grandes, carros de luxo, nem mesmo as roupas e joias eram dos artistas dos videoclipes. Eu não valorizava o dinheiro, o que me levava a escolhas estúpidas. Seu relacionamento com o dinheiro pode influenciar a maneira como você toma decisões (financeiras) e vive sua vida. Uma relação positiva com o dinheiro pode lhe dar uma sensação de segurança, controle e abundância.

Vivi anos sem aproveitar o dinheiro pelo qual trabalhava todos os dias. Isso me deixou extremamente infeliz e até deprimido às vezes. Nunca tive dinheiro para sair para jantar com amigos ou fazer algo divertido com a família em um dia de folga, muito menos sair de férias.

Toda vez que queria seguir um hobby, travava porque ficava sem dinheiro para fazer da maneira certa, ou não conseguia continuar porque tecnicamente não tinha dinheiro para isso. Fiquei preso na minha cabeça por quase duas décadas.

Como você pode conseguir isso?

1. Defina suas metas financeiras: Definir metas específicas pode esclarecer suas prioridades e dar a você a sensação de ter uma meta ou trabalhar para algo.
2. Tome decisões financeiras informadas: reserve um tempo para pesquisar produtos e serviços antes de tomar uma decisão.
3. Desenvolva hábitos financeiros saudáveis: fazer orçamentos, poupar e investir podem ajudá-lo a construir segurança financeira e atingir seus objetivos.
4. Busque apoio: Se você está lutando com seu relacionamento com dinheiro, considere buscar o apoio de amigos, familiares, profissionais financeiros ou um terapeuta. Eles podem ajudá-lo a desenvolver hábitos financeiros saudáveis.

1.3 Fazer um orçamento

Gerir o seu orçamento e controlar as suas despesas é uma parte crítica da gestão financeira. Um orçamento é um plano que divide suas receitas e despesas durante um período de tempo, como um mês. Ao criar um orçamento e cumpri-lo, você pode garantir que pode pagar suas contas e economizar para atingir seus objetivos.

Preste atenção também às suas despesas irregulares, como comer fora, almoçar fora e férias. Você pode acompanhar recebimentos e transações bancárias em uma planilha ou usar um aplicativo de orçamento. Depois de ter uma boa compreensão de suas receitas e despesas, você pode preparar um orçamento. Revise seu orçamento regularmente para garantir que você esteja no caminho certo e faça os ajustes necessários. Minha esposa e eu verificamos mensalmente para garantir que ainda estamos no caminho certo.

Aqui estão algumas dicas para preparar um orçamento:

1.   Determine sua renda: comece a rastrear sua renda total de todas as fontes, incluindo salário, investimentos e outras fontes de renda.
2.   Mapeie suas despesas: Liste todas as despesas fixas, como aluguel ou hipoteca, e despesas variáveis, como mantimentos e entretenimento. Observe também os custos que você paga anualmente, como impostos ambientais.
3.   Defina metas específicas de economia: anote quanto você pode economizar a cada mês e atribua-o às suas metas de economia.
4.   Ajuste: Se suas despesas excederem sua receita, analise seus custos e divida-os em duas categorias: necessários e desnecessários. Escolha coisas que você pode fazer sem por um tempo para voltar aos trilhos.
5.   Acompanhe o progresso: revise seu orçamento regularmente e ajuste conforme necessário para garantir que você permaneça no caminho certo para atingir suas metas financeiras.

1.4 Você é afiado?

Você pode ter metas de curto e longo prazo, como economizar para um fundo de emergência, pagar dívidas, economizar para dar entrada em uma casa ou economizar para a aposentadoria.

Não há limite para as metas que você pode definir. Apenas certifique-se de que eles sejam realistas e alcançáveis dentro do seu orçamento. No momento, minha esposa e eu estamos economizando para reformar nossa sala de estar e jardim. De acordo com nosso plano, teremos o orçamento necessário em 26 meses. Parece muito tempo, mas enquanto isso podemos continuar a viver como sempre e não temos que perder nada.

Para criar um plano para atingir suas metas financeiras, pode ser útil seguir estas etapas:

1. Torne seus objetivos específicos: escreva-os e diga o que deseja alcançar e por quê.
2. Faça um mix: Estabeleça metas de curto e longo prazo e comemore seu sucesso em alcançar seus objetivos. Essa mistura mantém você motivado.
3. Defina seus objetivos com prazo: agora que você criou sua demonstração financeira, pode planejar exatamente quanto tempo levará para atingir cada objetivo e quando deseja alcançá-lo.
4. A considerar: Decida as ações específicas que você precisa tomar para atingir seus objetivos, como aumentar sua renda ou reduzir suas despesas.
5. Acompanhe o progresso: monitore o progresso em relação às suas metas e ajuste o plano conforme necessário.

1.5   O que fazer em caso de emergência

Um fundo de emergência é uma conta poupança reservada especificamente para despesas inesperadas ou emergências financeiras. Isso é essencial. Eletrodomésticos como TVs, carros, geladeiras e máquinas de lavar costumam quebrar nos momentos mais inoportunos, e o reparo ou a substituição sempre é caro.

Evite meus erros e não alugue ou empreste esses dispositivos. Muitas vezes, as empresas estão ansiosas demais para atraí-lo para um 'arrendamento', no qual você acaba pagando mais do que o preço original.

Certa vez, cometi o erro de pegar um empréstimo da Wehkamp para a mobília da minha casa. Quando terminei de pagar, já havia me mudado duas vezes e perdido metade das coisas, mas ainda tinha que pagar. Se você não salvar, você se encontrará em uma situação apertada onde terá poucas opções. Se você não pensar, pode rapidamente fazer a escolha errada.

Existem muitas alternativas, como brechós ou Marktplaats, onde as pessoas vendem coisas boas por pouco dinheiro ou, em muitos casos, até as doam de graça. Só não pensei muito nisso porque as consequências de um empréstimo extra não me interessavam. Eu não estava preocupado com a foto maior.

Aqui estão algumas dicas para economizar para emergências:

1. Buffer de custo fixo: Procure economizar pelo menos três a seis meses em seus custos mensais. Esse buffer oferece espaço para respirar quando algo drástico acontece.
2. Não use o mesmo banco: Considere criar uma conta poupança separada para o seu fundo de emergência. Isso cria uma barreira adicional para acessar o dinheiro. Não é tão difícil transferir dinheiro de um banco para outro hoje em dia, mas você não deve facilitar demais para si mesmo. É melhor não instalar o aplicativo bancário de sua conta bancária de fundo de emergência para que você não possa apenas verificá-lo regularmente. Ou peça a um amigo ou familiar para gerenciar essa conta.
3. Economize automaticamente: Organize-o para que você salve automaticamente mensalmente em sua conta de fundo de emergência. Isso pode ajudá-lo a economizar e facilitar o alcance de suas metas de economia.
4. Verifique seu fundo de emergência mensalmente: veja se você ainda está no caminho certo para criar seu fundo de emergência e ajuste seu plano de poupança, caso não esteja.

1.6   Reduza suas despesas

Uma maneira de fazer mais com seu dinheiro é procurar maneiras de cortar custos. Pense em cancelar assinaturas que você não usa com frequência ou assinaturas que você realmente pode dispensar, ou mudar para uma assinatura móvel mais barata.

Procurar maneiras de cortar custos pode ser uma maneira útil de economizar dinheiro e atingir suas metas financeiras. Freqüentemente, somos leais a um provedor ou seguradora ou simplesmente não temos vontade de descobrir. Ainda. A troca pode realmente economizar dinheiro e, em muitos casos, você pode trocar todos os anos e a nova parte cuida de toda a papelada. Às vezes, apenas ameaçar sair é o suficiente para obter um desconto. Vale a pena tentar.

1.7   Caça às pechinchas

Você realmente precisa? O que funcionou melhor para mim foi atrasar uma compra. Se eu queria algo, anotava e esperava mais um mês antes de comprálo. Se eu ainda precisasse depois daquele mês, eu compraria. Muitas vezes já houve redução de preço ou liquidação em algum lugar porque já estava em promoção há algum tempo. Mas 9 em cada 10 vezes eu realmente não precisava, o que me impediu de comprar algo desnecessário. Além disso, não aceite apenas a primeira oferta que receber. Aproveite o tempo para procurar uma loja com o melhor preço para garantir o melhor negócio.

Comprar as melhores ofertas é uma maneira inteligente de economizar dinheiro e obter o melhor retorno possível. Use cupons, extensões de navegador e aplicativos de reembolso como Honey ou Rakuten para encontrar um desconto ou uma oferta melhor em um site que você normalmente não visita.
Existem extensões de navegador para compras diárias e afins. Uma das extensões de navegador que uso é Honey . O app de cashback que utilizamos é o Woolsocks que analisa suas compras em suas transações bancárias e te dá x% de volta em sua compra caso encontre uma loja que esteja conectada ao serviço deles.

Use meu link de referência para Honey para começar com um bônus: joinhoney.com/ref/iu0hv15

O que eu faço para conseguir melhores preços:

1. Pesquise preços: use sites ou aplicativos de comparação de preços para te ajudar a encontrar as melhores ofertas. Existem sites que mantêm o histórico de preços para que você possa verificar se uma venda é real. Costumo usar Tweakers Pricewatch .

2. Compare funções e qualidade: além do preço, considere também as características e a qualidade dos produtos que deseja comprar. Um preço mais baixo nem sempre significa o melhor valor se o produto for de qualidade inferior ou carecer de recursos essenciais.

3. Barganhar: Não tenha medo de negociar itens mais caros. Os vendedores podem estar dispostos a oferecer descontos ou adicionar recursos ou serviços adicionais para fechar uma venda.

4. Use Cupons e Descontos: Procure cupons, ofertas e saldos para economizar nas compras. Você pode encontrar cupons em jornais, folhetos, folhetos, online ou comprando diretamente do fabricante e não através de um intermediário.

O que me ajudou foi fazer uma lista de desejos. Assim como antes, para o seu aniversário ou para Sinterklaas e Natal. Com esta lista, você pode ver facilmente o que precisa agora ou mais tarde. Você pode fazer pesquisas de preços quando quiser.

Isso tira o espontâneo, então você faz escolhas precipitadas porque há uma venda "agora". Às vezes, você descobre que não precisava ou não tinha certas coisas em sua lista. Não estou dizendo que você só deve comprar coisas funcionais. Também é bom comprar algo que não tem outra função senão ficar em pé em uma prateleira que dá uma sensação boa ao olhar.

O que eu digo é que você compre quando sobrar dinheiro suficiente para viver tranquilamente o resto do mês.

1.8 Ferramentas de orçamento on-line

As ferramentas de orçamento on-line são programas de software ou sites que ajudam você a controlar suas receitas e despesas e criar um plano de orçamento. Essas ferramentas podem ser uma maneira útil de entender melhor sua situação financeira e identificar áreas nas quais você pode cortar custos ou economizar mais dinheiro. Muitas ferramentas de orçamento online podem ajudá-lo a controlar suas despesas e criar um orçamento. A maioria dos bancos na Holanda oferece esse pacote, mas, caso contrário, você deve procurar um que seja adequado para você. Existem muitas ferramentas de orçamento online disponíveis, pagas e gratuitas, portanto, escolher uma que atenda às suas necessidades é essencial. Procure uma ferramenta que seja fácil de usar, tenha os recursos de que você precisa e seja compatível com seu telefone ou PC/laptop.

1.9 seguros

É importante comprar cuidadosamente as apólices de seguro para garantir que você obtenha o melhor preço e cobertura. Não aceite apenas a primeira oferta de seguro que encontrar. Eu recomendo sempre verificar sites de comparação como o Independer para todas as opções possíveis. Muitas vezes, você recebe algo extra por meio do Independer quando faz seu seguro lá.

Certifique-se de entender o que é e o que não é coberto em sua apólice. Olhando em volta para o seguro, você pode encontrar a cobertura certa a um preço acessível. Um exemplo pessoal: no Natal passado caí da escada e torci bastante o joelho. Cheguei bem a tempo de atualizar minha apólice para este ano com mais tratamentos de fisioterapia. Agora vou à fisioterapia duas vezes por semana sem ter que pagar nada a mais por isso. No final deste ano escolherei outro pacote que melhor se adeque à minha situação naquele momento.

Ao considerar o seguro, aqui estão alguns pontos a serem lembrados:

1. Pense bem no que você precisa. Com o seguro de saúde, por exemplo, você deve pensar em quantas vezes irá ao dentista este ano para procedimentos importantes ou se precisa de tratamentos extras de fisioterapia. Todos esses fatores influenciam no preço e cada seguradora aplica um preço diferente para isso.

2. Leia atentamente os termos e condições de cada apólice de seguro antes de adquiri-la.

1.10   Não tenha mais vergonha

Pode acontecer que, mesmo que você pense que não pode afundar mais, você ainda atinge um novo mínimo. Já passei por tudo, desde pedir dinheiro emprestado a amigos e familiares até quando minha esposa grávida teve que me levar a um depósito do IRS porque eles apreenderam meu carro. Eu me esforcei muito para entender tudo.

É normal sentir vergonha de sua situação financeira. Você não está orgulhoso do caos que criou. A ideia de envolver outra pessoa nessa situação parece um grande 'NÃO'. Esta é a sua bagunça e você está determinado a consertá-la sozinho.

Posso dizer que isso requer tanta capacidade mental que pode deixá-lo louco. Meu conselho é encontrar alguém com quem você possa conversar sobre isso. Mesmo que não seja um profissional financeiro, um ouvido atento pode fazer maravilhas. Pode ser um amigo ou familiar em quem você confia. Se você tiver uma questão financeira complexa ou precisar de ajuda para preparar um plano financeiro, considere procurar aconselhamento de um profissional financeiro. Veja o que o seu município ou uma agência profissional de aconselhamento sobre dívidas pode fazer por você.

Para mim, foi um amigo e colega de quarto, Ian Upton, que me chamou em um ponto. Ele me perguntou como eu estava, porque oficiais de justiça batiam à minha porta para me buscar. Eu tive que admitir que eu tinha passado por isso. Ficar forte não ajudou a situação. Depois de conversar um pouco, peguei minha pasta com todos os papéis das agências de cobrança. Ele me deu o empurrão que eu precisava para começar a ligar e marcar consultas. Eu tinha adiado isso por muito tempo. Só não ousei ligar para as agências de cobrança por vergonha, o que só aumentou os custos. Com alguns, os custos de cobrança eram ainda maiores do que o valor original que eu tinha que pagar. Ele me lembrou a citação de Desmond Tutu , "Como você come um elefante? Uma mordida de cada vez." Passo a passo, aos poucos, eu sairia dessa situação, garantiu. Até hoje sou grato a ele pela ajuda que me deu então. Não quero pensar em quanto tempo esperei para agir.

Muitas vezes existem opções, como programas de assistência à dívida do município. Eles podem ajudá-lo fazendo acordos para você com todos os credores. Você tem que ficar sob supervisão por alguns anos, mas no final você sai melhor do que antes. No próximo capítulo, examinarei mais de perto as dívidas e o que você pode fazer com elas.

2 dívidas

A dívida tem sido uma fonte constante de estresse e fardo para mim nos últimos 20 anos. Tudo começou com minha primeira assinatura móvel quando fiz 18 anos. Não levei a sério e às vezes pagava minha conta em dia e às vezes não, o que levou ao cancelamento da minha assinatura. Eu não me importava por estar inacessível por um tempo, mas se você não pagasse a tempo, eles mandavam a conta para uma agência de cobrança. Isso adicionou mais custos à fatura existente e o contrato continuou. Se eu ainda não pagasse, cancelavam todo o contrato e eu tinha que pagar o restante.

Como eu ainda não tinha dinheiro, essa não era uma opção. Isso saiu do controle porque eles enviaram o caso para o tribunal se você não pagasse, adicionando mais custos. Este foi apenas o começo da bola de neve da dívida. Essa bola de neve me impediu de pagar outras contas.

Foi assim que começou a minha história de dívidas, que só termina agora que tenho conhecimento e ferramentas para administrá-la. Ninguém me explicou as consequências a tempo e eu mesmo não procurei informações ativamente. É fácil apontar o dedo para outra pessoa, mas na verdade a culpa foi minha. Essas dívidas me bloquearam em tudo. Quando surgiam oportunidades de comprar uma

casa para morar ou investir, meu crédito era tão
ruim que os bancos simplesmente riam de mim.

Meu acesso a dívidas "boas" foi bloqueado a longo
prazo. Eu gostaria de ter entendido melhor as
consequências da dívida. Eu não compraria uma
casa aos 16 anos. Mas se você tivesse me dito que
aos 18 anos eu poderia comprar um imóvel com
muito pouco de meus próprios recursos ou
comprar uma casa, eu nunca teria começado minha
montanha de dívidas.

Eu desconhecia as possibilidades e principalmente
o potencial de uma lousa limpa.

2.1 Dívidas incobráveis

Dívida inadimplente é a dívida que não oferece retorno ou benefício. Esses tipos de dívidas são "ruins" porque não ajudam você a construir riqueza ou gerar renda. Muitas vezes, essas dívidas também são registradas no BKR, então você não tem mais acesso à "dívida boa".

Alguns exemplos de dívidas incobráveis são:

1.   Dívida de cartão de crédito: essas dívidas geralmente carregam uma alta taxa de juros.
2.   Empréstimos pessoais: À primeira vista, esses empréstimos parecem convenientes, mas as altas taxas de juros durante o parcelamento podem se tornar um fardo.
3.   Assinatura de telefonia móvel: Em caso de atraso, também é registrado como débito com a BKR.
4.   Compra parcelada: serviços como Klarna e Riverty parecem úteis para compras rápidas, mas se você não conseguir pagar no prazo, a conta irá para a agência de cobrança. Isso gera custos adicionais e você acaba pagando muito mais do que o preço original do item adquirido.

2.2 Dívidas que são úteis para você

"Dívida boa" é a dívida que você assume para investimentos que devem gerar renda ou aumentar de valor ao longo do tempo. A ideia por trás disso é que os retornos do investimento são maiores do que os juros e custos que você paga no empréstimo. Portanto, você lucra mais com o investimento do que com o custo do empréstimo.

Podem ser coisas como hipotecas sobre imóveis para alugar, empréstimos para financiar um negócio. Em geral, dívida boa é mais gerenciável e menos arriscada do que dívida ruim. Pode ser uma ferramenta valiosa para construir riqueza e atingir metas financeiras.

2.3 Registros BKR

Se você tiver um empréstimo, ele será registrado no Credit Registration Office (BKR). A BKR armazena essas informações e as disponibiliza para as instituições financeiras avaliarem se você é digno de crédito. Não apenas empréstimos, mas também coisas como uma assinatura de telefone celular onde você também leva um dispositivo, são vistos como um aluguel e podem ser registrados.

Um registro negativo no BKR pode significar que você tem uma classificação de crédito ruim. Isso dificulta a obtenção de um empréstimo ou crédito e, quando você consegue, geralmente tem uma taxa de juros alta. Alguns proprietários ou seguradoras também podem recusá-lo como inquilino ou cliente de seguro devido a um registro BKR negativo.

É importante saber o que o BKR registrou sobre você. Eles também trabalham com códigos diferentes por registro, um é mais pesado que o outro. Por exemplo, se você tiver uma dívida perdoada por uma agência de cobrança, essa criptografia pode ser tão pesada que talvez você não consiga obter um novo empréstimo, mesmo que esteja livre de dívidas.

Existem diferentes tipos de cadastro na BKR:

1. Registro de um empréstimo: Isso acontece quando você contrai um empréstimo, como uma hipoteca ou empréstimo pessoal. Este registro permanece no sistema durante a vigência do empréstimo.
2. Registro de atraso de pagamento: Caso você tenha atraso de pagamento superior a 60 dias, isso será registrado no BKR. Esse registro permanece no sistema por dois anos.
3. Registro de um acordo de pagamento: Se você tiver um acordo de pagamento com credores, este será registrado no BKR. Esse registro permanece no sistema enquanto durar o acordo de pagamento. Isso é chamado de "terceirizado".
4. Registro de uma venda de execução hipotecária: Se você perder sua casa devido a uma venda de execução hipotecária, isso será registrado no BKR. Esse registro permanece no sistema por cinco anos.

Você pode ver gratuitamente o que o BKR registrou sobre você em seu site: https://www.bkr.nl/

2.4 Crie um plano de pagamento da dívida

Para me livrar das minhas dívidas, tive que aplicar diferentes métodos. Abaixo eu explico dois que são bastante fáceis de trabalhar. Usei o método bola de neve e avalanche de dívidas para priorizar quais dívidas precisam ser pagas primeiro.

O método da bola de neve da dívida envolve o pagamento de dívidas em ordem de custo, do menor para o maior. A ideia é que, ao pagar primeiro as dívidas menores, você ganha impulso e vê um progresso rápido no pagamento de suas dívidas. Essa pode ser uma boa estratégia se você quiser ganhar rápido para se manter motivado.

O método da avalanche de dívidas envolve o pagamento de suas dívidas em ordem de taxa de juros, da mais alta para a mais baixa. Essa pode ser uma estratégia mais eficiente porque pode economizar mais dinheiro a longo prazo, concentrando-se em pagar primeiro as dívidas com juros altos.

O mais importante é lembrar de cada vitória, cada credor a menos te aproxima da liberdade. Esses momentos de vitória o mantêm motivado.

Aqui estão algumas etapas para criar um plano de pagamento de dívidas:

1. Faça uma lista de suas dívidas: faça o resumo o mais completo possível. Com o número de referência, valor pendente, o que você paga por mês. O número da conta e informações adicionais.

2. Escolha um método: Determine qual método você deseja usar para priorizar a dívida: o método da bola de neve da dívida ou o método da avalanche.

3. Estabeleça uma meta: Visualize seu orçamento feito anteriormente, isso mostra quanto dinheiro você tem sobrando e o que pode pagar em suas dívidas.

4. Faça um plano: Ligue para seus credores e conte-lhes a história correta. Você está limitado e é isso que pode perder por mês.

5. Cumprir: Siga seu plano e faça pagamentos consistentes para saldar suas dívidas. Discuta esse plano com alguém para sentir que não está sozinho. Você pode se sentir muito sozinho ao pagar suas dívidas.

2.5 Refinanciar dívida

O refinanciamento da dívida pode ser uma maneira inteligente de economizar dinheiro se você tiver dívidas com juros altos, como dívidas de cartão de crédito ou empréstimos pessoais. Olhe em volta para ver se o refinanciamento a uma taxa de juros mais baixa é possível.

Muitas vezes, você também pode solicitar uma suspensão de juros da agência de cobrança; então, os juros serão interrompidos se você aderir ao acordo de pagamento. Foi assim que minha mãe uma vez me ajudou. Ela conseguiu um empréstimo pessoal favorável para me ajudar. Com isso consegui pagar grande parte das minhas dívidas na época. Tive sorte de minha mãe poder me apoiar nisso.

Certifique-se de entender como os termos do novo empréstimo se relacionam com o seu empréstimo atual. Refinanciar sua dívida a uma taxa de juros mais baixa pode economizar dinheiro a longo prazo.

Por que você deve refinanciar suas dívidas:

1. Pesquise as melhores taxas: compare as taxas de vários credores para obter o melhor negócio. Lembre-se de que a taxa mais baixa nem sempre é a melhor opção, pois pode haver outras taxas ou restrições envolvidas. Use sites de comparação como qeld.nl. Eles lhe darão uma visão geral das possibilidades e das condições.
2. Considere os custos: O refinanciamento pode incorrer em custos como originação ou custos de fechamento. Considere essas taxas em seus cálculos para determinar o custo total do refinanciamento.
3. Determine seus objetivos: antes de refinanciar, considere seus objetivos e como o refinanciamento o ajudará a alcançá-los. Por exemplo, um prazo mais longo pode ser uma boa opção se você quiser diminuir seus custos mensais. Um prazo mais curto pode ser benéfico se você quiser pagar sua dívida mais rapidamente.
4. Revise os termos: Certifique-se de ler os termos do seu novo empréstimo com atenção, incluindo a taxa de juros, o prazo do empréstimo e quaisquer taxas ou restrições.

3   Cartão de crédito

Incluí esse tópico no livro porque é uma lição valiosa que aprendi da maneira mais difícil. Quando tive a chance de obter um cartão de crédito, agarrei-o, pensando que lidaria com ele com responsabilidade. Mas em três meses eu estava no limite e não conseguia pagar. Minha relação com o dinheiro era tão ruim que me tornei indiferente às dívidas que acumulei.

Pensei: "Um dia vou pagar por isso", mas ao mesmo tempo senti a turbulência interior. Foi paralisante; o pensamento sozinho bloqueou minhas ações. Eles eventualmente bloquearam o cartão e eu tive outra conta adicionada à minha montanha de dívidas. Agora, quase vinte anos depois, minha esposa e eu usamos o cartão de crédito de maneira adequada - com responsabilidade e vinculado a um programa de recompensas que podemos usar para coisas como férias. Cada euro que gastamos é guardado como um ponto no programa. Sempre que usamos o cartão, colocamos esse valor em uma conta bancária separada para que o dinheiro já esteja lá quando a conta chegar.

Usamos o cartão para nossas assinaturas mensais, grandes compras e pedidos online. Mas, novamente, seja sábio porque não há ninguém que o impeça de contrair dívidas. Minha citação favorita se aplica a isso: "Com grandes poderes vêm grandes responsabilidades." É importante lembrar que os cartões de crédito são ferramentas poderosas, mas também trazem grandes responsabilidades. Cabe a nós usá-los com sabedoria.

Ao fazer isso junto com minha esposa, mantemos um ao outro atento às despesas, verificando regularmente se deixamos passar alguma coisa. Afinal, quatro olhos veem mais que dois.

3.1 Escolha seu cartão de crédito com sabedoria

Um cartão de crédito pode ser uma ferramenta financeira valiosa, mas é essencial escolhê-lo e usá-lo com sabedoria para evitar cair em dívidas ou prejudicar seu crédito.

Escolhemos a American Express por causa do sistema de recompensas que está vinculado a passagens aéreas.

Estou adicionando um código de referência para que você também ganhe pontos de bônus ao se inscrever: https://americanexpress.com/nl-nl/referral/nALInBv9qL?CPID=999999548

Como escolhemos nosso mapa:

1. Determine a sua necessidade: Sair de férias com a família todos os anos e o cartão certo pode ajudar nos custos. Optamos por um cartão onde você acumula pontos que podem ser trocados por vantagens em passagens aéreas. Este cartão permite ainda parcelar os seus bilhetes de avião, para que possa planear ainda melhor as suas férias.
2. Entenda e evite tarifas: Também optamos por este cartão porque oferecia 50% de desconto nas anuidades.
3. Use seu cartão de forma responsável: Para evitar que você se endivide e que sua classificação de crédito diminua, é importante usar seu cartão de crédito com responsabilidade.
4. Pague o saldo integralmente todos os meses: Os cartões de crédito têm uma alta taxa de juros. Portanto, se você não pagar o saldo devedor no prazo, eles podem adicionar juros de 15 a 30% sobre o saldo.

Elaboramos um orçamento para todas as despesas e sabemos exatamente o que gastamos com as coisas para as quais usamos o cartão de crédito. Isso nos permite reservar esse valor para pagar a conta.

Se você não fizer isso, mais cedo ou mais tarde terá problemas porque gasta um dinheiro que não tem no momento. Dessa forma, você se endivida antes do tempo, porque terá menos dinheiro para gastar no próximo mês.

4 imposto

Sabe sempre onde encontrar a Administração Fiscal e Aduaneira. Esconder-se é inútil, mesmo no estrangeiro. Os subsídios podem complicar as coisas, porque você pode supor que a Administração Fiscal e Aduaneira sempre sabe quanto você ganha. Infelizmente, este não é o caso. A única coisa que eles sabem sobre sua renda é o que você ganha no momento da inscrição. Se algo muda ao longo do caminho, eles não estão cientes disso. Portanto, esteja alerta e repasse quaisquer alterações. Porque eles são bons em calcular depois quanto você tem que pagar de volta, muitas vezes com juros.

Muitas vezes, isso pode ser difícil ou quase impossível, porque você já dependia dessa mesada para sobreviver. Hoje em dia é um pouco mais fácil transmitir as alterações pelo portal mijntoeslagen.nl e pelos vários aplicativos, mas continua cansativo. Portanto, verifique o portal regularmente para ver se eles ainda possuem as informações corretas e relate qualquer alteração.

Saiba quais impostos se aplicam a você; não precisa ser apenas sobretaxas. Considere, por exemplo, o imposto sobre poupança, investimentos, imóveis, criptomoedas e seu carro! O bom é que cada tipo de imposto também tem vantagens e alguns têm patamares altos. Seja bem informado por um consultor tributário. Muitas vezes, isso também pode ser feito simplesmente ligando para a Linha de Informações Fiscais. Eles podem ajudá-lo com a sua declaração e eles vão passar por tudo com você durante este processo.

5 Investir

Parece complicado, mas não é. Investir é emprestar dinheiro para obter juros sobre esse dinheiro e seu retorno sobre o investimento depende do tipo de investimento.

Por que investir? O dinheiro é incansável! Precisamos dormir e descansar. No trabalho precisamos de pausas, incentivos para sermos estimulados. Não podemos trabalhar 24/7. O dinheiro sim. Não precisa de todas as coisas mencionadas acima para funcionar. Simplesmente funciona; tudo o que você precisa fazer é colocá-lo para funcionar uma vez e esquecê-lo. Não trabalhar nem é uma opção. O dinheiro funciona 24 horas por dia, 7 dias por semana e 365 dias para sempre. Então imagine que se você colocar seu dinheiro para trabalhar, ele funcionará mais do que você jamais poderia e você não precisa incentivá-lo a fazê-lo.

Claro que há uma série de coisas para manter em mente. Quanto mais você coloca para trabalhar, mais rápido ele cresce. Continue colocando dinheiro para trabalhar regularmente. O crescimento é uma avalanche reversa, no começo cresce devagar, mas com o passar dos anos cresce cada vez mais rápido. O crescimento crescente é devido aos juros compostos. Voltarei a isso em breve.

5.1   A regra dos 4%

Existem diversas teorias para calcular quanto você precisa investir para ser financeiramente independente, mas a mais fácil é sempre a regra dos 4%. Isso significa que se suas despesas anuais forem de no máximo 4% do seu capital acumulado, teoricamente não irá esgotar. Isso se deve à suposição de que, se você investir dinheiro de maneira inteligente, ganhará pelo menos 8% de juros sobre juros em média. Isso deixa espaço para inflação e aumento de preços.

O cálculo de exemplo é: € 36.000 (3.000 por mês)/ 4% * 100% = 900.000

Tudo isso baseado em números anteriores. Este modelo de cálculo ainda não está obsoleto, mas há opiniões divergentes sobre ele, dada a atual recessão americana que afeta muitas oportunidades de investimento.

5.2   Juros sobre juros

Juros compostos são os juros ganhos sobre o investimento. Isso significa que quanto mais tempo você mantém um investimento que rende juros compostos, mais seu dinheiro pode crescer.

Como funcionam os juros compostos:

1. Você investe € 1.000 a uma taxa de juros anual de 5%.
2. Depois de um ano, seu investimento vale $ 1.050, pois você ganhou $ 50 em juros.
3. No segundo ano, você não só ganha juros sobre os € 1.000 originais, mas também sobre os € 50 de juros pagos no primeiro ano. Isso significa que você ganha $ 52,50 em juros no segundo ano, por $ 1.102,50.
4. No terceiro ano, você ganha juros sobre os US$ 1.000 originais e os US$ 52,50 de juros acumulados no segundo ano, totalizando US$ 57,63 de juros.

5.3   A regra dos 72

Para estimar quanto tempo levará para dobrar seu investimento, você pode usar a regra dos 72.

Como funciona: você pega a taxa de retorno e divide por 72. O resultado é o número de anos que seu investimento levará para dobrar. Por exemplo, se você tiver um investimento com retorno de 4%, divida 72 por 4 para obter 18.

Isso significa que levaria 18 anos para você dobrar seu investimento. Portanto, se você deseja ter um crescimento rápido, escolha um investimento com maior retorno.

5.4   Que tipo de investimentos existem?

Investir é uma forma de construir e aumentar a riqueza ao longo do tempo. Muitos tipos diferentes de investimentos são possíveis. Existem muitos investimentos adicionais, como ações, títulos, fundos mútuos e imóveis. É crucial entender os riscos e retornos potenciais de cada tipo de investimento para tomar decisões informadas. Compreender os riscos e retornos potenciais de cada classe é fundamental para tomar decisões informadas.

Os seguintes investimentos são mais conhecidos:

1. Ações: Com uma ação você literalmente compra um pedaço de uma empresa. Você se torna um coproprietário e como agradecimento pelo seu investimento recebe juros sobre a peça que comprou. Isso se chama Dividendo.
2. Títulos: Você empresta dinheiro ao governo ou a uma empresa em troca de juros. A duração de uma Obrigação é fixa, pelo que pode sempre calcular antecipadamente quanto irá ganhar com ela.
3. Os fundos mútuos são formas de compartilhar dinheiro com outros investidores para comprar ações, títulos e outros valores mobiliários. Eles oferecem gerenciamento profissional e opções diferentes, mas também custam dinheiro.
4. Os investimentos imobiliários podem incluir a propriedade de imóveis para aluguel ou o investimento em fundos mútuos imobiliários (REITs).
5. Crypto: Cryptos são ativos digitais que usam criptografia para segurança e são descentralizados.
6. Commodities: Commodities são bens físicos negociados nos mercados financeiros, como ouro, prata e petróleo.
7. Colecionáveis: os colecionáveis são valorizados por sua raridade, significado

histórico ou apelo estético. Colecionáveis incluem selos, moedas, arte e antiguidades.

5.5 Invista em você

Investir em si mesmo é um dos melhores investimentos que você pode fazer. Isso pode significar gastar tempo e dinheiro aprendendo novas habilidades, fazendo um curso de educação ou treinamento ou procurando maneiras de melhorar sua saúde e bem-estar.

Investir em si mesmo pode ajudá-lo a aumentar seu potencial de renda, melhorar suas perspectivas de carreira ou simplesmente obter uma melhor sensação de realização e bem-estar. Também pode significar investir em sua saúde mental, buscando terapia ou aconselhamento, ou em sua saúde física, frequentando uma academia ou seguindo uma dieta saudável.

Aqui estão algumas maneiras pelas quais você pode investir em si mesmo:

1. Educação e habilidades: Considere fazer uma nova educação ou curso para melhorar suas habilidades ou aprender novas. Isso pode ajudá-lo a melhorar suas perspectivas de carreira ou aumentar seu potencial de renda.

2. Saúde e bem-estar: Procure maneiras de melhorar sua saúde física e mental. Isso pode significar ingressar em uma academia, seguir uma dieta saudável ou procurar terapia ou aconselhamento.

3. Networking: Invista tempo na construção e manutenção de relacionamentos profissionais e pessoais. Isso pode ajudá-lo a descobrir novas oportunidades e obter suporte quando precisar.

4. Desenvolvimento pessoal: Procure maneiras de melhorar a si mesmo e crescer como pessoa. Isso pode significar gastar tempo lendo livros, participando de workshops ou seminários ou buscando treinamento ou orientação.

5. Planejamento financeiro: Invista tempo e dinheiro planejando seu futuro financeiro. Isso pode significar contratar um consultor financeiro, investir em um plano de aposentadoria ou aprender sobre investimentos e gestão financeira.

6 Crianças

Ensine seus filhos a lidar com dinheiro o mais cedo possível. Isso pode ser algo tão simples quanto a ideia de economizar, ou de conseguir dinheiro e guardá-lo. Eu tinha aqueles cofrinhos de vários tamanhos onde eu podia economizar. Antes de irmos à loja de brinquedos, minha mãe sempre explicava quanto eu poderia gastar. Eu tinha permissão para gastar menos, mas não mais, então já tinha uma estrutura ao procurar brinquedos o que podia e o que não podia. Se eu tivesse dinheiro sobrando, poderia colocá-lo no meu cofrinho ou levá-lo comigo para a próxima vez.

Meu filho adora motocicletas, e não motocicletas de brinquedo, mas as reais. Por isso já tem um cofrinho no qual economiza para comprar uma moto. Cada vez que ele ganha moedas soltas de nós, ele imediatamente sabe: "Ah, sim, eu tenho que pegar meu cofrinho para minha motocicleta." Também ensinamos aos nossos filhos a ideia de trabalhar por dinheiro. Tentamos dar aos nossos filhos uma infância despreocupada, mas explicamos a eles que nada é de graça e que você tem que trabalhar e economizar se quiser alguma coisa.

Também incentivamos nossos filhos a não comprar ou receber algo imediatamente quando quiserem. Se eles querem alguma coisa, eles têm que esperar pacientemente até que economizemos para isso, ou até que eles próprios economizem para isso. Dizemos: "Coloque em uma lista de desejos para o seu aniversário ou um dos feriados e veremos o que acontece". Muitas vezes parece que estamos falando em ouvidos surdos , mas continuamos repetindo até que afunde. Aos poucos, os vemos desenvolvendo uma relação saudável com o dinheiro. Nosso mais velho ainda tem sua própria empresa de correntes de contas. Ele vende colares de contas para a família em todas as oportunidades.

Ela já entende que nada vem de graça, e temos orgulho disso. Principalmente quando olho para mim mesmo, já é uma atitude completamente diferente em relação ao dinheiro daquela que eu tinha. Eu era teimoso e ignorava os bons conselhos de minha mãe e mal podia esperar para gastar meu dinheiro nas coisas mais sem sentido, em retrospectiva.

Algumas coisas que você pode dar a eles:

1. Apresente as diferentes moedas e notas.
2. Lidere pelo exemplo.
3. Dê a eles um senso de propriedade, dando-lhes seu próprio cofrinho.
4. Converse com eles sobre como fazer as melhores escolhas.

6.1   Economias acessíveis para seus filhos na Holanda

Como pai ou mãe na Holanda, você pode usar os benefícios fiscais para as economias de seus filhos. Desta forma, você pode doar até € 1.074 isentos de impostos para seu filho todos os anos. Além disso, é possível abrir uma conta de poupança ou de investimento para o seu filho sem pagar imposto sobre ganhos de capital, desde que o valor da conta permaneça abaixo de € 30.360. No entanto, algumas regras devem ser levadas em consideração. Por exemplo, a conta deve estar no nome da criança e o dinheiro só pode ser usado para educação ou educação da criança.

Observe que esta informação é principalmente para pessoas que moram na Holanda, como eu. As regras podem ser diferentes em outros países. Portanto, se você mora em outro país, precisa descobrir quais são as regras lá. É como um jogo, as regras podem ser um pouco diferentes em diferentes países ou lugares.

7   No trabalho

Negociar no trabalho pode ser bom para sua renda. Muitas vezes, há horários definidos para avaliar seu trabalho. Aproveite esses momentos para negociar seu salário e melhores condições de trabalho.

Ao negociar, você pode construir confiança e respeito com seu empregador e criar oportunidades para sua carreira. Também pode contribuir para um ambiente de trabalho mais positivo e produtivo, abordando questões e discutindo-as de forma aberta e honesta. A negociação também pode ajudá-lo a desenvolver confiança, habilidades de comunicação e habilidades de resolução de problemas. Também pode torná-lo mais assertivo e ajudá-lo a expressar suas necessidades. Além disso, ao negociar, você pode criar um ambiente de trabalho justo e justo e garantir que seja recompensado de forma justa por seu trabalho.

Muitas vezes, também ajuda se um colega ou vários falam bem e não para zombar do chefe, mas para dizer a eles quem você é como colega no local de trabalho. Freqüentemente, você não vê o quadro completo de como é visto por seus colegas. Um sistema de feedback de 360 graus é útil aqui. Dessa forma, você obtém feedback de diferentes pessoas sobre quem e como você é e como é visto por elas.

7.1 Negociar no trabalho?

Negociar seu salário e benefícios no local de trabalho é uma parte importante da sua gestão de carreira. Seu salário e benefícios podem ter um impacto significativo em seu bem-estar e qualidade de vida, por isso é vital entender suas opções e negociar o melhor pacote possível.

Como você pode se preparar adequadamente para as negociações:

1. Pesquise escalas salariais em seu setor e posição.
2. Conheça o seu valor e use sua educação, experiência, habilidades e qualificações para negociar um salário que reflita o seu valor.
3. Prepare-se para a negociação e faça uma lista de pontos-chave e prioridades.
4. Negocie com confiança e use exemplos e dados específicos para apoiar seu caso.
5. Identifique seus objetivos de negociação e seja claro sobre o que deseja e por quê.
6. Não se esqueça de benefícios como acordos de trabalho flexíveis e oportunidades de desenvolvimento profissional.
7. Use a escuta ativa e seja respeitoso e profissional durante o processo de negociação.

8 pensão _

Você ainda está no caminho certo para economizar para a aposentadoria? Dê uma olhada no que seu empregador economizou para você e no que você precisa.

Existem vários sites onde você pode fazer cálculos. Faça isso regularmente, porque mais tarde, quando você se aposentar, não há muito o que fazer se estiver com pouco dinheiro. Verifique se você precisa economizar extra.

Use seu orçamento para ver se você tem espaço para economizar extra para sua pensão, se necessário. Ao entender isso e criar um plano de aposentadoria, você pode assumir o controle de seu futuro financeiro e se preparar para uma aposentadoria confortável.

É importante manter as seguintes coisas em mente ao planejar sua aposentadoria:

1. Suas metas de aposentadoria: O que você quer fazer durante sua aposentadoria? Você quer viajar, passar mais tempo com a família e amigos ou praticar um hobby?
2. Idade de aposentadoria: Quando você quer se aposentar? Isso determina quanto tempo você tem para economizar e investir.
3. Fontes de renda de aposentadoria: como você financiará sua aposentadoria? Você tem um fundo de pensão, benefícios de seguridade social ou outras fontes de renda? Você depende de poupança e investimentos?
4. Seus custos de pensão: Quais são suas despesas esperadas durante sua aposentadoria?
5. Você tem uma hipoteca ou outras dívidas que precisa pagar? Você terá custos de saúde?

8.1 legado

Planejamento patrimonial significa que você elabora um plano para a gestão e distribuição de seus bens após sua morte. Isso pode garantir que seus desejos sejam atendidos e que seus entes queridos sejam atendidos financeiramente.

É aconselhável registrar isso em um notário e discuti-lo minuciosamente com um advogado. Também é uma boa ideia revisar e atualizar regularmente seu plano imobiliário para que ele continue atendendo às suas necessidades.

Alguns elementos-chave do planejamento
imobiliário incluem:

1. Um testamento, um documento no qual
   você indica como seus bens devem ser
   divididos após sua morte e quem é o
   responsável por isso.
2. Uma confiança, um acordo legal no qual um
   administrador administra seus ativos para
   você ou seus beneficiários, durante sua vida
   e após sua morte.
3. Uma procuração, um documento com o qual
   você designa alguém para tomar decisões
   financeiras e legais por você, caso você não
   possa fazê-lo sozinho.
1. 4. Uma declaração de cuidados, um
   documento no qual você registra desejos de
   tratamento médico caso não seja mais capaz
   de tomar decisões por conta própria.

9 Reconhecimento

Você chegou ao final deste livreto e por isso sou grato. Espero que você tenha tirado alguma coisa disso. Quero agradecer a várias pessoas que me ajudaram ao longo dos anos. Agradeço especialmente a minha mãe, minha esposa e meu primo Joel René. Eles me apoiaram e me ajudaram a sair de alguns vales profundos. Além disso, quero agradecer aos meus amigos. Mesmo que eles nem sempre estivessem cientes da minha situação, eu sempre poderia ir até eles para uma noite despreocupada, onde eu poderia deixar de lado todo o estresse.

Gostaria de agradecer especialmente à minha esposa Nalini por ser infinitamente paciente comigo e com a situação em que ela me encontrou. Você sempre pode fingir para o mundo exterior que nada está errado, mas se esconder é impossível para seu parceiro. Obrigado, querida.

10 Fontes

Bundrick, H.C.M. (2022, 9 de dezembro). Guia
        definitivo dos melhores aplicativos de
        reembolso de 2023. NerdWallet .
        https://www.nerdwallet.com/article/finance/ca
        sh-back-apps

Estudante, D.F. (2022, 27 de fevereiro). O que é a
        regra dos 4%? A regra dos 4 por cento
        explicada. O Estudante Financeiro.
        https://www.definancielestudent.nl/personlijke
        -financien/de-4-procent-regel/

T. (2022, 11 de novembro). O que é a regra dos 72?
Explicação e
        Prática - Instituto de Investimentos . nl.
        Instituição de investimento.
        https://www.beleggingsinstituut.nl/beleggers-
        kennisbank/investeren/wat-is-de-regel-van-72/

OpenAI. com. (2022, dezembro). Bate-papo GPT.
        openai. com. https://chat.openai.com/